BEI GRIN MACHT SICH IHR WISSEN BEZAHLT

- Wir veröffentlichen Ihre Hausarbeit,
  Bachelor- und Masterarbeit

- Ihr eigenes eBook und Buch -
  weltweit in allen wichtigen Shops

- Verdienen Sie an jedem Verkauf

Jetzt bei www.GRIN.com hochladen und kostenlos publizieren

Bibliografische Information der Deutschen Nationalbibliothek:

Die Deutsche Bibliothek verzeichnet diese Publikation in der Deutschen National-
bibliografie; detaillierte bibliografische Daten sind im Internet über http://dnb.d-
nb.de/ abrufbar.

Impressum:

Copyright © 2018 GRIN Verlag
Druck und Bindung: Books on Demand GmbH, Norderstedt Germany
ISBN: 9783668691568

Dieses Buch bei GRIN:

https://www.grin.com/document/423595

Philipp Engels

Analyse der Funktionen und Einsatzmöglichkeiten von Smart-Home-Funkstandards wie ZigBee, Z-Wave und EnOcean

GRIN Verlag

GRIN - Your knowledge has value

Der GRIN Verlag publiziert seit 1998 wissenschaftliche Arbeiten von Studenten, Hochschullehrern und anderen Akademikern als eBook und gedrucktes Buch. Die Verlagswebsite www.grin.com ist die ideale Plattform zur Veröffentlichung von Hausarbeiten, Abschlussarbeiten, wissenschaftlichen Aufsätzen, Dissertationen und Fachbüchern.

Besuchen Sie uns im Internet:

http://www.grin.com/

http://www.facebook.com/grincom

http://www.twitter.com/grin_com

Analyse der Funktionen und Einsatzmöglichkeiten von Smart-Home Funkstandards wie ZigBee, Z-Wave und EnOcean

1 Kurzfassung

Geräte und Systeme innerhalb des eigenen Wohnraums sind zunehmend vernetzter und werden immer intelligenter. Diese Vernetzung bietet für den Anwender Vorteile im Hinblick auf Sicherheit, Zeitersparnis, Komfort und Energiekosten. Bereits ca. 30% der Deutschen nutzen Smart-Home Komponenten die untereinander kommunizieren – und die Tendenz ist steigend. Das erklärte Ziel der intelligenten Systeme ist es den Alltag der Anwender um die genannten Aspekte zu erleichtern. Zur Erreichung dieses Ziels sammeln die Systeme eine Vielzahl von Daten wie beispielsweise die Temperatur, Lichtintensität oder Feuchtigkeit über unterschiedliche Sensoren. Anhand dieser Daten werden die zuständigen Komponenten in der Wohnung angesprochen, im vorliegenden Exempel die Heizung oder die Klimaanlage im Gebäude, um den jeweiligen Messwert den Bedürfnissen des Anwenders anzupassen. Da die Geräte, Systeme und Sensoren untereinander kommunizieren müssen um die vorgegebene Funktionalität automatisch erfüllen zu können, nimmt die Kommunikation zwischen den Komponenten im Smart Home eine zentrale Rolle ein. Der zukünftige Wettbewerb und die Durchsetzungsfähigkeit von Smart Home Produkten wird signifikant über die Einführung von Standards mitbestimmt werden. Innerhalb der Arbeit soll detaillierter auf die Funktionsweise der Kommunikation zwischen Smart Home Komponenten, die Möglichkeiten zur Kommunikation und bestehende Standards eingegangen werden. Als Kommunikationskanal findet in der Praxis häufig Funkkommunikation Anwendung, da sie kostengünstig und einfach im Smart Home System implementiert werden kann. Darauf liegt auch insbesondere der Fokus der Arbeit: Eine Analyse von Funktionen, Einsatzmöglichkeiten und dem derzeitigen Stand der Technik von Smart Home Funkstandards. Basierend auf diesen Erkenntnissen gibt der Beitrag einen Ausblick auf mögliche Weiterentwicklungen im Bereich der Funkkommunikation.

2 Einleitung

Den übergreifenden Begriff des „Internet der Dinge" (internet of things) wurde zum ersten mal im Jahr 1999 vom visionären Studenten K. Ashton am Massachusetts Institute of Technology (MIT) genannt. Dahinter stand die Vision des Studenten alltägliche physische Gegenstände mit der Technologie des Internets in Verbindung zu setzen. Heutzutage, gut zwanzig Jahre später, scheint diese Vision Realität angenommen zu haben: Das Internet ist dank der drahtlosen Funktechnologie Wireless Local Area Network (WLAN) mit einer Vielzahl von Geräten des persönlichen Lebens verbunden. Insbesondere alltägliche Geräte und Systeme wie z.B. Heizung, Klima, Lüftung, Garage, Kaffeemaschine, Spülmaschine oder die Mikrowelle im Haushalt werden zunehmend mehr und mehr mit dem Internet verbunden und untereinander vernetzt. Das Smart Home Konzept scheint im Alltag des Menschen angekommen und soll ihn in eine neue Dimension des Wohnens voranbringen. Die Technologien hinter Smart Home haben die Zielsetzung dem Anwender eine ganze Reihe von Vorteilen und Erleichterungen zu verschaffen: ein sicheres, angenehmes, effizientes, komfortables und modernes Leben innerhalb des vernetzten Gebäudes [6, S. 1].

In der Vergangenheit waren Ideen aus dem Konzept der Hausautomatisierung bzw. dem gegenwärtigem Synonym „Smart Home" lange Zeit nur innerhalb des Neubaus eines Gebäudes realisierbar. Heutzutage besteht durch kostengünstige Nachrüstsysteme jedoch die Möglichkeit in vorhandenen älteren Wohnflächen oder Gebäuden Geräte aus der Hausautomation einzusetzen. Derzeit gibt es eine Vielzahl von Smart Home Produkten auf dem Markt, die oftmals verschiedene Systeme verwenden. Ein übergreifender Standard besteht derzeit nicht. Daraus folgt, dass die Systeme nicht immer kompatibel zueinander sein müssen. Somit ist der Anwender gezwungen, sich für eine Produktreihe bzw. für einen Funkstandard zu entscheiden [5]. Über diese nicht vorhandene einheitliche Definition eines Standards grenzen sich die jeweiligen Hersteller der Smart Home Geräte voneinander ab. Konkret handelt es sich dabei um den Kommunikationskanal, über den die einzelnen Geräte eines Smart Home Systems miteinander vernetzt sind. Im Allgemeinen wird zwischen kabel- und funkbetriebenen Smart Home Systemen unterscheiden. Der größte Anteil der auf dem Markt vorhandenen Systeme nutzt die Funkkommunikation als Kommunikationsstandard. Diese haben den Vorteil, dass sie lizenzfreie Funkfrequenzen nutzen können und daher günstig zu implementieren sind. Die vorliegende Arbeit fokussiert sich thematisch auf die Funkkommunikation und deren Standards zum derzeitigen Stand der Technik. Insbesondere soll dabei auf die generelle Funktionalität der Funktechnologie eingegangen werden als auch die Funkstandards ZigBee, Z-Wave und EnOcean vergleichend erläutert werden. Ein weiterer relevanter Aspekt im Rahmen von Smart Home Systemen neben der Auswahlmöglichkeit zwischen Kabel- und Funksystemen ist die Unterscheidung zwischen herstellerspezifischen Smart Home Systemen und herstellerunabhängigen Standards. Darauf wird in Abschnitt zwei genauer eingegangen. Die nachfolgende Abbildung 1 gibt schon einmal einen Überblick über die vorhandenen Smart Home Systeme und Standards. Wie bereits aufgeführt, wird im Hinblick auf den Umfang der Arbeit der Fokus auf die derzeit relevantesten Funkstandards gelegt. Dabei sind insbesondere ZigBee, Z-Wave, EnOcean und DECT zu nennen.

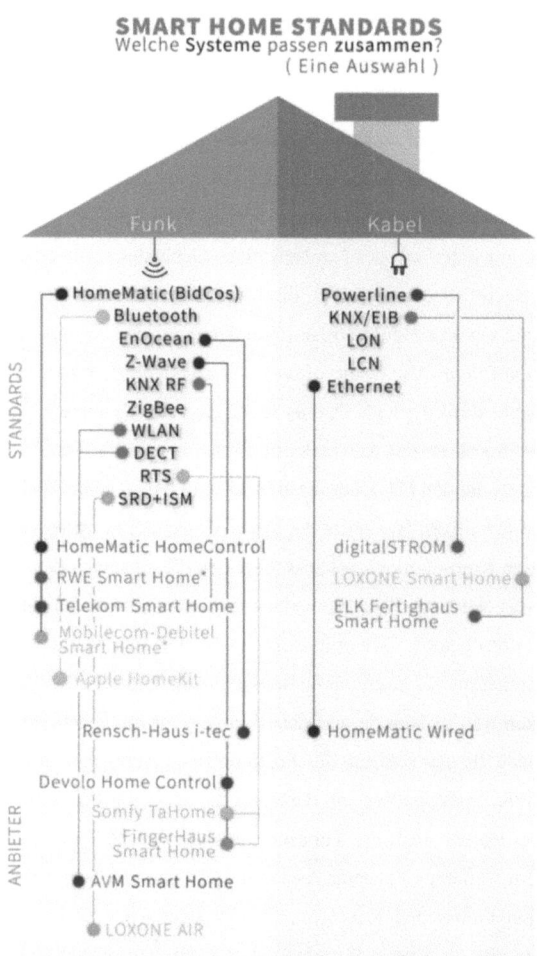

SMART HOME STANDARDS
Welche **Systeme** passen **zusammen?**
(Eine Auswahl)

Funk   Kabel

STANDARDS

- HomeMatic(BidCos)
- Bluetooth
- EnOcean
- Z-Wave
- KNX RF
- ZigBee
- WLAN
- DECT
- RTS
- SRD+ISM

- Powerline
- KNX/EIB
- LON
- LCN
- Ethernet

ANBIETER

- HomeMatic HomeControl
- RWE Smart Home*
- Telekom Smart Home
- Mobilecom-Debitel Smart Home*
- Apple HomeKit
- Rensch-Haus i-tec
- Devolo Home Control
- Somfy TaHome
- FingerHaus Smart Home
- AVM Smart Home
- LOXONE AIR

- digitalSTROM
- LOXONE Smart Home
- ELK Fertighaus Smart Home
- HomeMatic Wired

Abbildung 1 - Smart Home Standards und Anbieter im Kabel- und Funktechnologie Umfeld [17]

3 Funkkommunikation

3.1 Funksystemarten

Wie bereits in der Einleitung kurz beschrieben, wird bei bei Smart Home Systemen generell und bei Funksystemen zwischen den zwei verschiedenen Möglichkeiten der proprietären Systeme, die vom Hersteller administriert werden und offenen Systemen, die herstellerunabhängig verwendet werden, differenziert. Nachfolgend werden die beiden Systeme kurz voneinander abgegrenzt.

- Proprietäre Funksysteme sind geistiges Eigentum nur eines Anbieters. Im vorliegenden Fall von Smart Home Systemen ist der Kunde darauf angewiesen, dass dieser Hersteller alles bietet, was gewünscht ist, und muss das Vertrauen haben, dass dieser Hersteller seine Produkte auch noch in zukünftigen Jahren anbietet, falls Ersatzteile benötigt werden [23, S. 166-167].

- Standardbasierte Funksysteme hingegen besitzen ganz andere Eigenschaften. Für Funksyteme, die auf veröffentlichten Standards basieren, bieten viele Hersteller kompatible Produkte an. Das Angebot ist deshalb in der Regel breiter und die Langzeitsicherheit größer [23, S. 166-167].

Sowohl proprietäre als auch standardbasierte Funksysteme sind generell batteriebetrieben oder greifen auf Photovoltaikzellen, elektrodynamische oder piezoelektrische Effekte zurück. Systeme die auf eine Art Funktechnik zurückgreifen, haben verschiedene Vorteile, die im Folgenden näher erläutert sind:

1. Flexibilität: Aufgrund der einfachen Aufbau- und Abbaufähigkeit ergibt sich der Vorteil einer hohen Flexibilität für Funksysteme. In den gängigen am Markt vorhandenen Funksystemen richtet der Anwender eine zentrale sogenannte „Basisstation" ein, die das Funksystem steuert. Gegen die Basisstation können folglich beliebig viele Funkgeräte verbunden werden, je nach Bedarf des Anwenders. Die Komponenten innerhalb des Funksystems sind oftmals modular aufgebaut und können ausgetauscht werden.

2. Verkürzte Inbetriebnahmezeiten: Funkbasierte Systeme besitzen Service-Schnittstellen zu anderen Systemen und Geräten die eine schnelle Inbetriebnahme ermöglichen. Derzeit gibt es die Notwendigkeit dass die Geräte mit einer Vielzahl von Schnittstellen ausgestattet sein müssen, da es ebenso viele Anbieter von Schnittstellentechnologien auf dem Markt gibt wie Produkte. Dieses Problem wird auch innerhalb dieser Seminararbeit weitergehend erläutert.

3. Kürzere Installationszeiten: Der Aspekt der Installation betrifft die Anbindung von Hardwareseitigen Komponenten wie beispielsweise die Sensoren und die Installation der Software auf den Funkgeräten. Aufgrund der Funktechnik können die einzelnen Komponenten innerhalb eines Funksystems flexibel und kurzfristig miteinander kommunizieren, sodass die Installation eines solchen Systems von kurzer Dauer ist.

4. Schnellere Servicefähigkeit: Bei Auftreten von Fehlern können Funksysteme ad hoc jeweils den Anwender oder den Hersteller kontaktieren. Der Fehler kann folglich per Fernwartung ausgelesen und behandelt werden. Je nach Schweregrad des Fehlers kann bereits vom Hersteller per Fernwartung gelöst werden oder das entsprechende Ersatzteil kann dem Anwen-

der zugeschickt werden. In jedem Fall kann eine schnelle und agile Fehlerbehandlung erfolgen.

5. Verbesserter Bedienkomfort: Beim Aspekt des Bedienkomforts ist zum einen zu nennen, dass die Geräte sich selbständig per Funktechnik verbinden und die Funktionen dem Anwender bereitgestellt werden. Zum anderen hat er auch in vielen gängigen Systemen am Markt die Möglichkeit mittels einer Weboberfläche auf das Funksystem zuzugreifen und Einstellungen vorzunehmen oder Fehler weitergehend zu analysieren bzw. dem Hersteller zuzusenden [1, S. 625-626].

3.2 Funktechnologie

Aufgrund der komplexen und umfassenden Verkabelung von einer Vielzahl von Sensoren und Aktoren innerhalb eines Smart Home Systems, ist die Realisierung des Smart Home Systems über Funkbasierte Systeme zu einer häufig und gern genutzten Möglichkeit geworden. Gerade wenn das Bezugsobjekt kein geplanter Neubau ist, sondern ein bereits bestehendes Gebäude bzw. Wohnraum. Die Funktechnologie verwendet als Übertragungsmedium den freien Raum, worin die Funksignale als elektromagnetische Wellen übermittelt werden. Ein funkbasiertes System besteht aus der zentralen Steueranlage und einer Reihe von Funksendern und Funkempfängern. Innerhalb der Funkkommunikation unterscheiden sich die verfügbaren Systeme noch einmal stark nach Anwendungsfall. Die Güte der Übertragungsleistung wird dabei von mehreren Parametern bestimmt: die Bandbreite, das Kodierungsverfahren, die Sendeleistung, Empfangsempfindlichkeit sowie Datendurchsatz. In diesen Parametern unterscheiden sich die verfügbaren Funktechnologien signifikant voneinander [1, S. 633]. Generell ist das Frequenzspektrum als Allgemeingut anzusehen und daher durch staatliche Behörden reglementiert. Das bedeutet ausgewählte Frequenzbänder können für bestimmte Dienste kostenfrei genutzt und andere wiederrum dürfen nur kostenpflichtig genutzt werden. Eine detaillierte Aufstellung der verschiedenen Arten von Funkkommunikation ist in Abbildung 2 dargestellt. Der Fokus dieser Seminararbeit beschränken sich auf den Bereich der Personal Area Networks mit einer Distanz unter 100 Metern und einer Datenrate von zehn bis 100 Kilobyte pro Sekunde [1, S. 627].

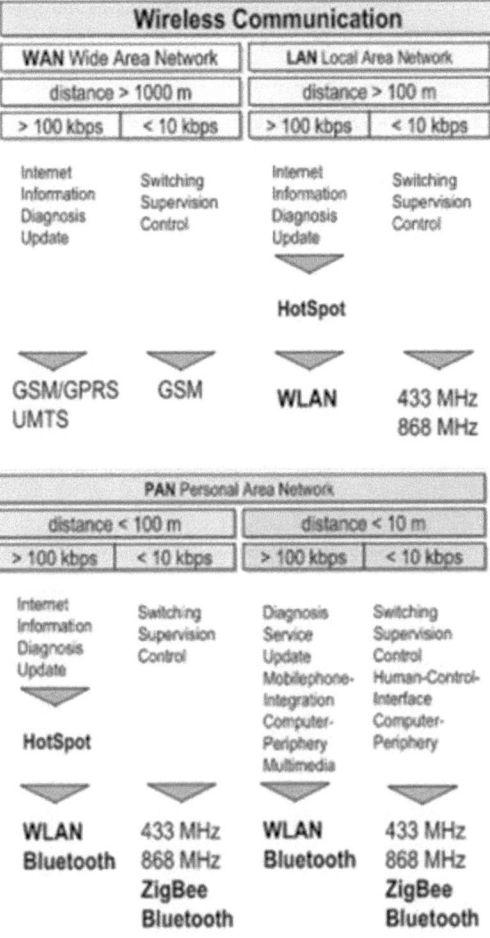

Abbildung 2 - Einsatzbereiche der Funktechnologien [1, S. 627]

Im Allgemeinen gibt es eine Vielzahl von verschiedenen länderspezifischen Regelungen im Bereich der Funkkommunikation. Die unterschiedlichen Frequenzen und Wellenlängen unterscheiden sich dabei teilweise so signifikant, dass nicht von einem einheitlichen globalen Funkstandard gesprochen werden kann. Zumindest die Bereiche aus Wissenschaft, der Industrie und der Medizin haben sich auf ein einheitliches Funksystem geeinigt: die sogenannten ISM-Bänder.[1] Die Frequenzen auf diesen Bändern, insbesondere die Frequenzen 433 MHz, 2,4 GHz und 5 GHz bilden zumindest in

---

[1] Die Abkürzung ISM entspricht „Industrial", „Scientific" und „Medical"

den aufgeführten Branchen eine einheitliche Grundlage in der Funkkommunikation [1, S. 628]. Von größerer Relevanz sind die Frequenzen aufgrund ihrer Übertragungsreichweite im Hinblick auf die Durchdringung von Hindernissen und Objekten in der Umgebung, wie z.b. Hauswände. Die Funkwellen werden dort an der Oberfläche ihrer Hindernisse reflektiert und teilweise von bestimmten Hindernissen und Objekten sogar absorbiert. Bei zunehmender Reichweite verringert sich die Leistung des Funksignals. Geringere Frequenzen wie beispielsweise 433 MHz haben generell eine höhere Übertragungsreichweite als höhere Frequenzen. Ein weiterer wichtiger Aspekt in der Funkkommunikation ist die sogenannte Abschattungsproblematik. Dabei handelt es sich um die Störung zwischen zwei Funksystemen, die auf dem gleichen Kanal Signale aussenden. Aufgrund der Nutzung des gleichen Kanals kann es dabei zu Störungen in der Signalverbreitung kommen, die folglich das gesamte Funksystem beeinflussen und Fehler produzieren. In der Praxis geschieht die Übertragung bei Funksystemen oft über zwei verschiedene Frequenzen der ISM-Bänder: zum einen 433 MHz und zum anderen 868 MHz. Beide ISM-Bänder werden nachfolgend mit ihren wichtigsten Merkmalen kurz erläutert.

433-MHz-Band

Die Frequenzen des 433-MHz-ISM-Band erstrecken sich von 433,05 MHz bis 434,79 MHz und dienen zur Übertragung von Nachrichten bzw. Daten mit kurzer bis mittlerer Reichweite. Die höchste zu erreichende Reichweite eines Funkmoduls mit vorliegender Frequenz kann bei mehreren hundert Metern im freien Raum liegen. Dafür muss das Funkmodul die größtmögliche Leistung von zehn Milliwat (mW) abrufen. Zusätzlich kommt es bei der Bemessung der Reichweite stark auf die Umgebung an. Insbesondere Hindernisse und Störfaktoren können die Reichweite nachhaltig reduzieren. Hersteller von Funkmodulen im 433-MHz Bereich weisen oftmals eine Reichweite zwischen 100 und 250 Metern aus. Die Modulationsart im ISM-Band unterscheidet sich je nach Anwendungszweck zwischen einfacher sogenannter Amplitudenmodulation (AM) und komplexerer Frequenzmodulation (FM). Prominente Beispiele für AM sind einfache Funksteckdosen aus dem Baumarkt für den Wohnraum. Die FM ist deutlich kostenintensiver und wird beispielsweise in der Fernsteuerung von Robotern verwendet. Weiterhin sind die Aspekte Beschränkungen durch die Bundesnetzagentur und Störpotenzial zu betrachten. Wenn Funksysteme das 433-MHz-Frequenzband nutzen, gibt es keine Beschränkungen auf die es zu Achten gilt. Die Funksignale können kontinuierlich übertragen werden. Das bedeutet allerdings auch, dass es dadurch zu einem größeren Störpotenzial bei der Nutzung kommen kann. Um eine sichere Übertragung gewährleisten zu können, muss entweder mit kurzen Reichweiten ausgekommen werden oder eine leistungsfähige

Kanalkodierung erstellt werden. Unter Umständen bietet auch der Hersteller auch bereits Möglichkeiten im Bereich der Sicherheit [2, S. 52-53].

868-MHz-Band

Für das 868-MHz Band gibt es in der Welt der Elektro- und Informationstechnik eine Vielzahl an Anwendungsfällen, in welchen die Technologie zum Einsatz kommt. Darunter sind unter anderem alltägliche und einfache Geräte zu nennen wie Alarmanlagen, Wetterstationen oder Garagentorsteuerungen. Auch die meisten Hersteller von Smart Home Produkten verwenden den Standard, weil die Nutzung lizenzkostenfrei ist. Es bestehen allerdings dafür einige Restriktionen, die bei der Benutzung des Bandes zu beachten sind: während beim 433-MHz-Band die Anzahl der Vorschriften recht gering ausfallen, gibt es beim 868-MHz-Band eine recht strenge Regulierung seitens der Bundesnetzagentur. Um beispielhaft an dieser Stelle einen Auszug aus den Auflagen der Bundesnetzagentur zu geben, sind nachfolgend zwei Auflagen aufgeführt: die erste Auflage für ein Funkgerät im 868-MHz-Band ist die Begrenzung der Sendeleistung auf 25 Milliwatt (mW) und einen maximalen Arbeitszyklus von einem Prozent. Konkret bedeutet das für ein Funkgerät, dass es in der Summe pro Stunde 36 Sekunden Signale senden darf. Innerhalb der Betrachtung des Smart Home Bereichs ist diese Sendezeit für ein Gerät ausreichend – für andere Anwendungsfälle kann dies aber nicht der Fall sein. Mit dieser geringen Sendezeit lassen sich beispielsweise keine Audio- oder Bildübertragungen durchführen. Daher wird für diese Anwendungszwecke eine höheres Frequenzband wie z.B. 2400 MHz herangezogen. Auf einer solchen Frequenz arbeiten beispielsweise bekannte Technologien wie WLAN oder Bluetooth zur Audio- und Bildübertragung. Ein weiterer Aspekt ist die Anfälligkeit für Störungen. Damit es nicht zu Störungen wie beim 433-MHz-Band kommt, ist das 868-MHz-Band in mehrere Bereiche unterteilt, wie sich in Abbildung 2 erkennen lässt. Den jeweiligen Bereichen sind sogenannte „Duty Circles" zugeordnet. Diese Duty Circles entsprechen verschiedenen Einsatzzwecken und sorgen dafür dass nur eine bestimmte Höhe des Funkverkehrs im Bereich vorherrscht. Zwar ist die Störungsanfälligkeit damit etwas gesenkt, aber eine Übertragunssicherheit- und leistung von 100% kann trotzdem nicht erreicht werden.

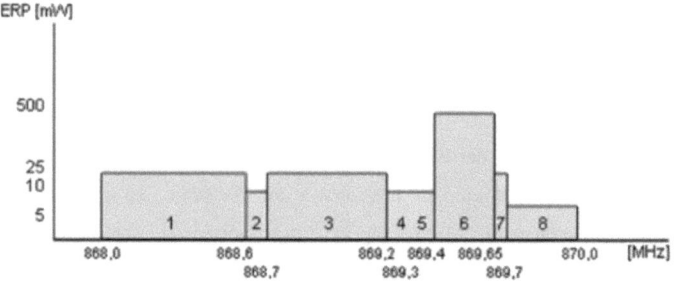

Abbildung 3 - Frequenzband im 868-MHz-Bereich [2, S. 53]

Weiterhin – und das ist für den Kontext dieser Arbeit von größerer Bedeutung – wird das 868-MHz-ISM-Band auch als physikalische Schicht bzw. Grundlage für höherwertige prominente Funkstandards wie Zig Bee, Z-Wave, HomeMatic, EnOcean oder KNX-RF verwendet. Das 868-MHz-Band bietet sich als gute Grundlage zur Darstellung der physikalischen und Sicherungsschicht an, worauf nachfolgend die genannten Protokoll-Standards aufsetzen. Diese werden in Kapitel 3.4 einer näheren Betrachtung unterzogen und detaillierter erläutert.

3.3 Funkstandard IEEE 802.15.4

Der drahtlose Datenübertragungsstandard IEEE 802.15.4 ist ein definierter Standard des weltweiten Berufsverbandes von Ingenieuren in Elektro- und Informationstechnik, dem Institute of Electrical and Electronic Engineers (IEEE). Er wurde speziell für die einfache und kostengünstige Übertragung in drahtlosen Netzwerken erstellt, die nur geringe Übertragungsraten und einen niedrigen Energieverbrauch benötigen [3, S. 83]. Daher eignet sich der Standard insbesondere für den Aufbau von Sensornetzwerken und Hausautomatisierungsnetzen. Generell gibt bereits vorhandene Technologien und Standards in der drahtlosen Datenübertragung wie z.B. das bekannte „Wireless Local Area Network" (WLAN) für lokale Netzwerke, das „Global System for Mobile Communication" (GSM) für mobile Datenübertragungen oder das „Digital Enhanced Cordless Telecommunications" (DECT) für schnurlose Haustelefone. Auch die aus den Mobiltelefonen bekannte Technologie „Bluetooth" zählt zu den bereits vorhandenen Technologien zur Datenübertragung. Trotz all dieser bereits vorhandenen Standards hat der Berufsverband IEEE den vorliegenden Standard entwickelt. Bei genauerer Betrachtung der genannten Technologien werden Beweggründe hinter IEEE 802.15.4 ersichtlich: sowohl die WLAN- als auch die Bluetooth-Technologie sind für Datenübertragungen mit größeren Datenmengen ausgelegt. Beide Standards haben unterschiedliche Zwecke und haben sich in verschiedenen Bereichen dementsprechend etablieren können. Es macht aber nicht in jedem

Anwendungsfall Sinn auf die beiden Technologien zurückzugreifen, weil sie für den Verwendungszweck als eher ungeeignet zu betrachten sind. In der vorliegenden Betrachtung von drahtlosen Netzwerken in der Heimautomatisierung reicht es beispielsweise aus geringe Datenmengen von nur einigen wenigen Bytes in gewissen Zeitabständen zu übertragen. Ein Großteil der Energie wird beim Sendevorgang der Daten vom jeweiligen Funkmodul gebraucht. Insbesondere die genannten Technologien Bluetooth und WLAN verbrauchen durch die Übertragung der Daten große Energiemengen, da es sich um größere Mengen handelt und die Übertragung durch eine Reihe von angehängten Steuerinformationen der Daten eine hohe Komplexität besitzt. Anders verhält sich der Funkstandard IEEE 802.15.4, indem solche umfangreichen Steuerinformationen der Daten explizit außer Acht gelassen werden. Folglich erhöht sich zum einen die Übertragungsgeschwindigkeit deutlich und zum anderen reduziert sich die zu übertragende Datenmenge wesentlich. Das wirkt sich auch signifikant auf den Energieverbrauch aus, der bei IEEE 802.15.4 gering gehalten ist. Außerdem besteht so die Möglichkeit ein Netzwerk des Standards mit einfachen und günstigen Hardware Komponenten zu realisieren. Die Verwendung des Standards ermöglicht so den Betrieb von Funkmodulen mit einfachen Micro- oder Mignonbatterien über einige Jahren hinweg, ohne dass diese ausgetauscht werden müssen [3, S. 83].

Es lässt sich daher festhalten, dass der Funkstandard IEEE 802.15.4 insbesondere für die drahtlosen Funkübertragung von geringen Datenmengen und kurzer Reichweite konzipiert wurde und geeignet ist. Im Hinblick auf die etablierten Standards wie WLAN oder Bluetooth soll er die jeweiligen Technologien ergänzen und weniger ersetzen. Während sich der IEEE Standard auf kleine Datenmengen, kurze Distanzen und geringen Energieverbrauch konzentriert und somit Anwendungsfälle beispielsweise im Smart Home besitzt, verstehen sich WLAN und Bluetooth eher als Übertragunsstandards für große Datenmengen von multimedialen Daten z.B. Bilder oder Videos.[2]

Grundlegende Bestandteile

Die grundlegenden Bestandteile eines IEEE 802.15.4 Netzwerkes sind in jedem Fall zwei Funkmodule – in der Praxis eher mehrere. Ein Funkmodul kann dabei nochmal in zwei verschiedene Gerätetypen unterschieden werden, nämlich dem „Full-Function Device" (FFD) und dem „Reduced-Function Device" (RFD). Während ein FFD Gerät den vollen Funktionsumfang des vorliegenden Standards implementiert, hat ein RFD-Gerät aufgrund von verringerten Hardwareressourcen und geringeren Anforderungen nur einen begrenzten Funktionsumfang. Dafür können die letzgenannten Geräte auf kostengünstiger Hardware mit geringem Energieverbrauch realisiert werden. Nachteilig

---

[2] http://midas1.e-technik.tu-ilmenau.de/~webkn/Abschlussarbeiten/Hauptseminararbeiten/hs_hesse.pdf (abgerufen am 03.03.2018)

ist allerdings, dass ein RFD-Gerät aufgrund der geringen Voraussetzungen ausschließlich mit FFD-Geräten kommunizieren kann.

Innerhalb des Standards gehören die beiden Gerätetypen einem sogenannten „Personal Area Network" (PAN) an. Im PAN ist genau ein FFD-Gerät der Koordinator der das Netzwerk verwaltet. Das zentrale Gerät ermöglicht den anderen Geräten den Zutritt zum Netzwerk und koordiniert die Aufgaben. Genau wie jedes PAN eine eindeutige Identifikationsnummer besitzt, hat auch jedes Gerät eine eindeutige 64-Bit MAC-Adresse. Zur Kommunikation innerhalb des Netzwerks nutzen die Geräte allerdings eine 16-Bit Kurzadresse, um Ressourcenschonend kommunizieren zu können.

Unterstütze Netzwerktopologien

Um kurz auf die unterstützen Netzwerktopologien einzugehen, lassen sich für den Standard IEEE 802.15.4 zwei Topologien aufführen: die Sterntopologie und die Rechner-zu-Rechner-Topologie (Peer-to-Peer). Bei der Sterntopologie agiert der PAN-Koordinator als zentrale Einheit für den Datenaustausch, indem jede Art von Daten über ihn gesendet und empfangen wird. Gegenteilig ist es bei einer Rechner-zu-Rechner Topologie, in der jedes Gerät im Netzwerk mit jedem anderen Gerät kommunizieren kann. Dabei ist jedoch auf den Gerätetyp FFD oder RFD zu achten, wie im vorhergehenden Abschnitt beschrieben wurde. In Abbildung 4 sind die Funktionsweisen der beiden Topologien noch einmal anschaulich dargestellt. Eine weitergehende Betrachtung der Topologien ist innerhalb der Seminararbeit nicht möglich, sondern der Fokus liegt auf der Funktionalität der drahtlosen Kommunikation und den verschiedenen Funkstandards im Bereich des Smart-Home.

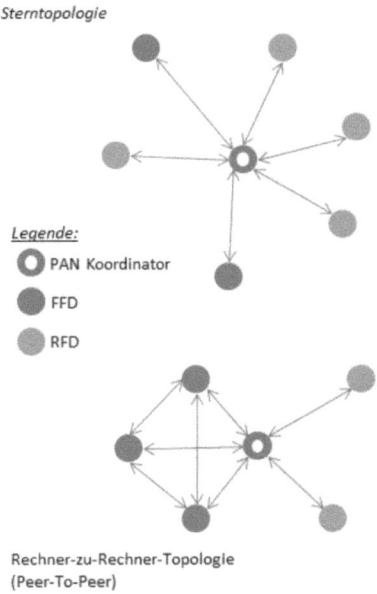

Sterntopologie

Legende:
- ⭕ PAN Koordinator
- ⚫ FFD
- ⚫ RFD

Rechner-zu-Rechner-Topologie
(Peer-To-Peer)

Abbildung 4 - Sterntopologie und Rechner-zu-Rechner-Topologie [3, S. 86][3]

Einordnung ins ISO/OSI-Schichtenmodell

Im Hinblick auf das „International Organization for Standardization / Open Systems Interconnec-tion"-Referenzmodell, besser bekannt als ISO/OSI-Modell definiert der vorliegende IEEE 802.15.4 Standard die beiden untersten Schichten der Bitübertragungsschicht (PHY-Schicht) und der Siche-rungsschicht (MAC-Schicht). In Abbildung 5 lässt sich diese Einordnung des IEEE 802.15.4 Stan-dards in das ISO/OSI-Referenzmodell erkennen. Die unterste Schicht der Bitübertragung oder auch PHY-Schicht genannt ist für die eigentliche physikalische Übertragung der Signale über die Hard-ware verantwortlich. Sie kümmert sich um das grundlegende Senden und Empfangen zwischen dem Sender der Daten und dessen Empfänger. Die darüberliegende Sicherungsschicht oder auch als MAC-Schicht bezeichnet übernimmt die Zuverlässigkeit und Absicherung der Kommunikation in eine drahtlosen Funknetzwerk. Ihre primäre Aufgabe ist die zuverlässige Datenübertragung zwi-schen dem sendenden und empfangenden Funkmodul. Weiterhin übernimmt sie die Bildung und Verwaltung eines privaten Netzwerkes, des sogenannten „Private Area Network" (PAN) [3, S. 86-87].

---

[3] Eigene Darstellung, angelehnt an [3, S. 86]

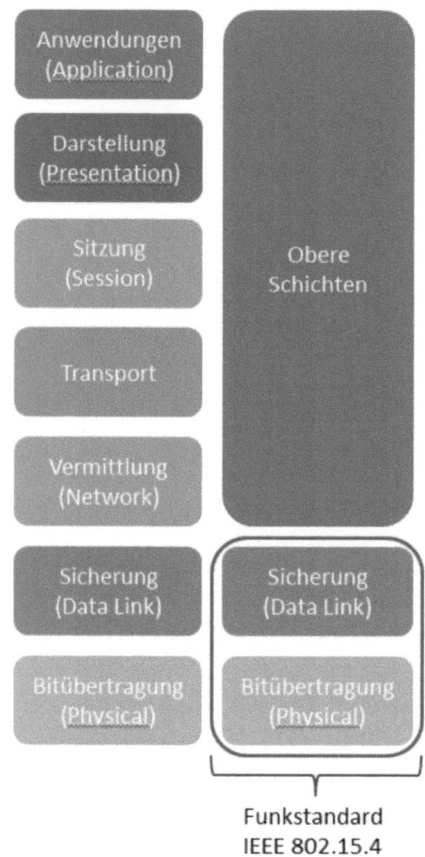

Funkstandard
IEEE 802.15.4

Abbildung 5 - Das ISO/OSI-Schichtenmodell und IEEE 802.15.4 im Vergleich [3, S. 87][4]

Auf Basis dieser Schichten setzen weitere Funkstandards an, die jeweils die nächst höheren Ebenen der Netzwerkschicht und Anwendungsschicht implementieren. In der Abbildung sind diese mit „Obere Schichten" allgemeingültig deklariert. Diese weiteren Funkstandards werden im folgenden Kapitel detaillierter erläutert.

Kommunikation

Für die Kommunikation zwischen den Schichten werden drei Arten betrachtet: zwei Arten für die Kommunikation zwischen dem Funkgerät und dem PAN Coordinator sowie eine dritte Art für die

---

[4] Eigene Darstellung, angelehnt an [3, S. 87]

direkte Kommunikation zwischen zwei Endgeräten. Letzerer wird aber innerhalb des Standards sowie dieser Seminararbeit nicht weitergehend behandelt.

Die Kommunikation erfolgt mittels sogenannter „Frames". Frames sind vergleichbar mit IP-Paketen des TCP/IP-Protokolls innerhalb der Rechnerkommunikation. Generell gibt es vier unterschiedliche Typen von Frames:

- Beacon Frame (Informationen vom PAN Coordinator)
- Data-Frame
- Acknowledge-Frame (Bestätigung)
- MAC-Command-Frame

Wie in Abbildung 6 zu erkennen ist, besitzt ein Frame im Aufbau einen Header der Größe von 6 Byte sowie einen Data Payload Abschnitt, welcher neben der Frameerkennung auch Nutzdaten enthält. Die Größe der Nutzdaten kann dabei von 0 bis 127 Byte variieren, je nach Anforderungen durch den Sender. Zusätzlich gibt es noch weitere Abschnitte die sich verschiedenen Parametern eines Frames widmen, nämlich die Länge des Frames, die Kontrolle, die Nummer der Framesequenz innerhalb der Datenübertragung, Adressinformationen und Informationen über die Sicherheit der Zustellung des Frames. Ähnlich dem vorher beschriebenen ISO/OSI-Referenzmodell unterliegen die jeweiligen Daten der einzelnen Schichten einer Kapselung. Die Bitübertragunsschicht sieht nur seinen eigenen Header und die Adressierung an eine nächsthöhere Schicht. Die beiden Diplom Informatiker der Fachhochschule Frankfurt am Main Markus Krauße und Rainer Konrad beschreiben in ihrem Buch „Drahtlose ZigBee Netzwerke" den generellen Kommunikationsablauf innerhalb des IEEE 802.15.4 Standards. Dieser wird im Folgenden zur weitergehenden Darstellung des Kommunikationsablaufes kurz chronologisch erläutert. Wie bereits erwähnt erfolgt die Kommunikation zwischen den einzelnen Schichten im Standard über Frames. Folglich wird zwischen dem Senden von Daten und dem Empfangen von Daten unterschieden.

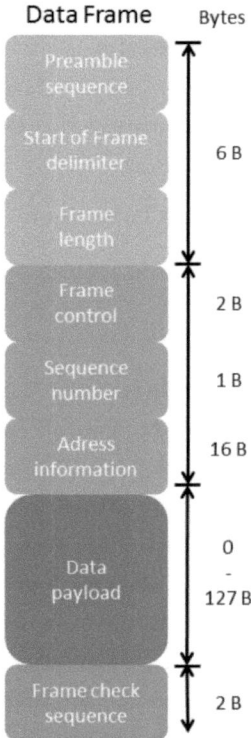

Data Frame   Bytes

Preamble sequence

Start of Frame delimiter   6 B

Frame length

Frame control   2 B

Sequence number   1 B

Adress information   16 B

Data payload   0 - 127 B

Frame check sequence   2 B

Abbildung 6 - IEEE 802.15.4 Data Frame [4][5]

Senden von Daten

Der Sendevorgang läuft wie folgt ab: eine über der MAC-Schicht liegende Schicht möchte Daten versenden. In einem konkreten Anwendungsfall kann das beispielsweise eine Smart Home Anwendung sein. In einem ersten Schritt sendet die Anwendungsschicht die zu verschickenden Daten in Form von Frames, wie beispielsweise in Abbildung 6 abgebildet, an die darunterliegende MAC-Schicht. Als zweites generiert die MAC-Schicht ihre eigenen Header und Footer Informationen, die sie an das Frame anhängt. Mitsamt der neu eingefügten Steuerinformationen wird das Frame an die PHY-Schicht weitergesendet. Als Drittes fügt die PHY-Schicht in einem ähnlichen Prinzip ihre eigenen Steuerdaten an das Frame an und versucht nachfolgend das Frame über das Sendemodul an den Empfänger weiterzuleiten. Wenn der Versand an den Empfänger abgeschlossen ist, generiert die PHY-Schicht Informationen über den Status des Versandes und leitet diese an die jeweils höherliegenden Schichten, insbesondere an die MAC-Schicht als Information weiter. Selbes Vorgehen realisiert auch die MAC-Schicht, indem sie das Ergebnis des Sendevorgangs den höherliegenden Schichten mitteilt. Wenn die Übertragung an das Empfängermodul erfolgreich verlaufen ist, geschieht die Durchreichung der Frames in die höherliegenden Schichten nach ähnlichem Prinzip nach oben [3, S. 88-89].

Empfangen von Daten

Beim Empfangen von Daten verläuft die Funktionsweise ähnlich wie beim Senden im Sinne der Aufgaben jeder Schicht. Der entscheidende Unterschied ist, dass die einzelnen Schichten die Steuerungsinformationen der Frames im Header- und Footer Bereich entfernen, wenn sie das Frame erhalten. In einem ersten Schritt empfängt die PHY-Schicht das Frame im Empfangsmodul von der PHY-Schicht des Kommunikationspartners. Die Übertragung geschieht per Funkwellen und wird an dieser Stelle nicht näher erläutert. Wenn ein Frame empfangen wurde, protokolliert die PHY-Schicht zunächst die Rahmendaten der Verbindung wie z.B. Qualität und Dauer. Nachfolgend werden die für die PHY-Schicht relevanten Steuerungsinformationen entfernt und das Frame an die darüberliegende MAC-Schicht weitergereicht. Die MAC-Schicht ihrerseits verfährt nach gleichem Prinzip: entfernen der für die eigene Schicht relevanten Steuerungsinfromationen und Weiterleitung an die adressierte höhere Schicht [3, S. 89-90].

3.4 Funksysteme

ZigBee

Der Funkstandard Zig Bee wurde im Jahre 2002 definiert und baut auf dem Kommunikationsprotokoll IEEE 802.15.4 auf. Das Protokoll dient als grundlegende Hardwareschicht für verschiedene Kommunikationslösungen. Die Hauptaufgaben des Protokolls sind die Administration und Konfiguration von Kommunikationsknoten innerhalb des Netzwerks sowie der Betrieb des Routings von Nachrichten zwischen den Knoten [1, S. 653]. Somit kann das Protokoll von verschiedenen Herstellern genutzt werden, die folglich die gleiche Hardware Basis nutzen. Hinter Zig Bee steht eine Allianz aus mehr als 250 namhaften und internationalen Unternehmen, unter anderem die Global Player Samsung, Siemens, Sony, Philips oder Bosch [10]. Eine etwas ausführlichere Ausführung aller Mitglieder der umfangreichen ZigBee Allianz findet sich in der Übersicht der Funksysteme in Kapitel 4. Es zeichnet sich durch einen niedrigen Energieverbrauch und eine niedrige Datenrate aus. Konkret benötigt ein Gerät das Zig Bee verwendet in einer aktiven Phase, wo Daten aufgenommen

---

[5] Selbsterstellte Grafik nach [4]

und weitergegeben werden, nur rund 20 bis 60 Milliwatt (mW) bei einer Sendeleistung von 1 mW. Tatsächlich ist das Funkmodul aus Energiespargründen aber nicht dauerhaft aktiv im Funkmodus, sondern nur kurzzeitig wenn es Bedarf zum Senden von Signalen gibt. In der restlich Zeit verfällt das Gerät in einen sogenannten „Schlafmodus". Mithilfe dieser Einstellung wird sogar nur ein Millionstel Ampere (1 μM) benötigt. Das trägt dazu bei, dass die batteriebetriebenen Geräte unter Zig Bee über eine Vielzahl von Jahren mit der Energie aus einer Batterie versorgt werden können. Die Reichweite des Funkstandards beträgt je nach Umgebung und Bauform des Gebäudes zwischen zehn und 75 Metern. Die höchstmögliche Datenübertragungsrate beträgt pro Sekunde bis zu 250 kbit [7, S. 107-121].

Es gibt jedoch auch einen entscheidenden Nachteil von Zig Bee, der durch die Architektur des Funkstandards entsteht: wenn die zentrale Steuereinheit, der Koordinator, ausfällt, bedeutet das den Ausfall aller Geräte im gesamten angeschlossenen Netzwerk.

Zig Bee ist wie die Bluetooth-Technologie ein WPAN – ein Netzwerk, das quasi immer um einen herum zur Verfügung steht. Die Datenraten sind deutlich geringer als bei Bluetooth, dafür bestechen das Protokoll bzw. die Geräte durch einen extrem geringen Stromverbrauch [8, S. 267]. Die Einsatzmöglichkeiten von ZigBee sind derzeit vielfältig. Die Technologie wird von einigen prominenten Herstellern eingesetzt, wie beispielsweise innerhalb der sehr umsatzstarken Produkte der Lichttechnik von Philipps Hue oder Osram Lightify. Weiterhin lassen sich bestimmte mechanische Prozesse, wie z.B. eines Türschlosses durch ein elektronisches und zentral ferngesteuertes System mit Zig Bee ersetzen [9, S. 69].

Nachfolgend ist schematisch eine Darstellung eines Atmels ZigBit-Moduls in Abbildung 7 zu erkennen. Diese Module sind einzelne Chips und nach der ZigBee-Spezifikation bzw. dem Standard IEEE 802.15.4 aufgebaut. Schematisch ist diese Abbildung deshalb, weil es eine Vielzahl von unterschiedlichen Ausführungen von Chips gibt, die nach der Spezifikation aufgebaut sind und arbeiten. Bei dem vorliegenden Funkmodul handelt es sich um eine Baureihe, die auf dem ATmega 256 Mikrocontroller aufbaut. Der Mikrocontroller wird vom US-amerikanischen Hersteller Microchip hergestellt und besitzt wegen des einfachen Aufbaus, der leichten Programmierbarkeit sowie den kostenlosen Entwicklungswerkzeugen eine große Verbreitung in Funkmodulen.

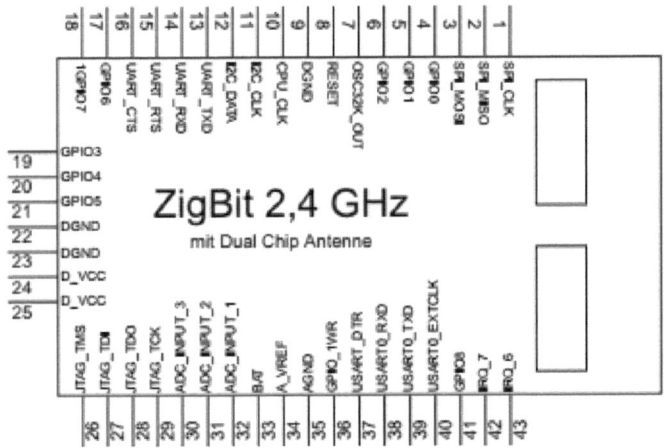

Abbildung 7 - ZigBit-Chip 2,4 GHz mit zwei Keramikantennen [3, S. 38]

Z-Wave

Ein weiterer drahtloser Kommunikationsstandard für die Heimautomation im Smart Home ist die Technologie Z-Wave. Diese wurde von zwei dänischen Ingenieuren im Jahr 2001 als Lösung einer eigenen Hausautomation entwickelt. Vier Jahre später wurde die sogenannte „Z-Wave Alliance" gegründet, um die Entwicklung und Implementierung in verschiedenen Produkten voranzutreiben. Auch in der Z-Wave Alliance sind bekannte Hersteller von Elektro- und Informationstechnik vertreten, unter anderem die Intel Coorporation [11, S. 249]. Insgesamt beläuft sich die Anzahl der Hersteller von Z-Wave-Geräten auf über 160 Hersteller, wobei die Technologie besonders erfolgreich auf dem amerikanischen Markt vertreten ist [11, S. 249]. Die zum Z-Wave Standard gegründete Firma „Zen-Sys" wurde im Jahr 2009 vom derzeit führenden Unternehmen der Technologie Sigma Designs aufgekauft.

Für die Implementierung von verschiedenen Funktionen nutzt Z-Wave einen System-on-a-Chip-ASICs (SOC). Der SOC enthält – wie der ZigBit Chip in Abbildung 6 auch – einen Funk-Transceiver, einen Mikrocontroller sowie eine Vielzahl von Peripherie-Schnittstellen. Die meisten Z-Wave-Geräte implementieren ihre gesamte Funktion in diesem SOC. Die Kommunikationsfunktionen können mithilfe einer von Z-Wave zur Verfügung gestellten Programmbibliothek erstellt werden.

Z-Wave nutzt Funkfrequenzen zwischen 850 und 960 MHz. Diese liegen entweder im ISM-Band oder im SRD-Frequenzband (Short Range Devices). Gegenüber dem alternativ von Funktechniken benutzten 2,4-GHz-Frequenzband bieten diese Frequenzen eine deutlich bessere Durchdringung durch Wände und weniger Verluste durch Reflexionen. Nachteilig ist, dass es keine einheitliche weltweit verfügbare Funkfrequenz in diesen Frequenzbändern gibt. Alle europäischen Länder sowie ein großer Teil der asiatischen Länder verwenden die von der Organisation CEPT freigegebene Frequenz des SRD-Bandes von 868,4 MHz bzw. 869 MHz. Alternative Frequenzen in Nordamerika liegen bei 908 MHz oder in Südamerika bei 921 MHz. Die Datenübertragungsrate beträgt zwischen 100 kB/s, 40 kB/s und 9,6 kB/s auf verschiedenen Frequenzen, die dynamisch entsprechend der vorhandenen Funksituation umgeschaltet werden können. Die Funkleistung von Z-Wave ist auf wenige mW begrenzt, obwohl das SRD-Band mit 25 mW eine deutlich höhere Sendeleistung erlauben wüde. Als Resultat wird eine Funkreichweite von ca. 150m im Freifeld erreicht. Eine Funkreichweite von 40m in geschlossenen Gebäuden ist eine Mindestanforderung an Z-Wave-Geräte.

Die Topologie von Z-Wave Geräten ist so aufgebaut, dass jeder Knoten mit jedem anderen Knoten kommunizieren kann und dementsprechend mit einem oder mehreren Knoten verbunden ist. Die Daten werden folglich über einen oder mehrere Zwischenknoten – mittels Routing – an den Empfänger übertragen. Insgesamt können mit dem Z-Wave Funkstandard bis zu 232 Geräte administriert werden. Zusätzlich können verschiedene Netzwerke untereinander vernetzt werden. Im Hinblick auf den vorher behandelten Funkstandard ZigBee ist Z-Wave deutlich unkomplexer und einfacher in der Architektur. Aufgrund der oben aufgeführten Topologie sind generell nur kleinere Netze mit mehreren hundert Knoten realisierbar. Dafür ist mit dem effizienten Energiemanagement in Z-Wave Komponenten mit einer Lebensdauer der Batterie der Geräte von bis zu zehn Jahren zu rechnen [11, S. 250]. Haupteinsatzgebiet ist die Heimautomation privater Häuser und Wohnungen, also die drahtlose Steuerung von Heizung, Lüftung, Beleuchtung, Alarm- und Klimaanlagen. Darüber hinaus ist auch eine drahtlose Steuerung von Audio- und Videogeräten und Energiezählern möglich. In Abbildung 8 ist beispielhaft ein Z-Wave Netzwerk aufgeführt, das einen zentralen Controller besitzt und mehrere Geräte die mit dem Controller verbunden sind. Prominente angeschlossene Geräte sind Heizungsschalter, Lichtschalter oder Steckdosen. Wie oben beschrieben können die verschiedensten Systeme in einem Z-Wave Netzwerk miteinander kommunizieren. Im vorliegenden Fall muss die Kommunikation immer über den Controller erfolgen, es gibt aber auch Netzwerke, in denen jedes Gerät untereinander kommunizieren kann [16].

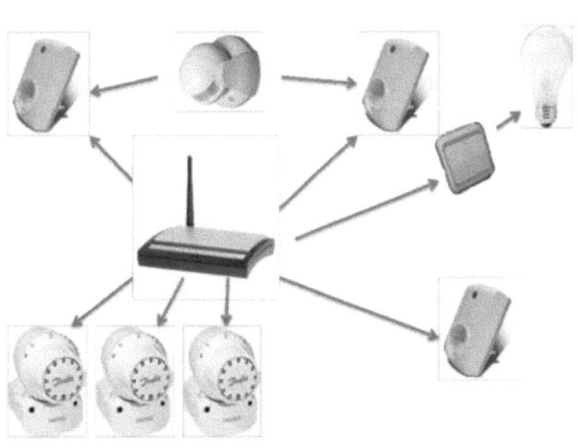

Abbildung 8 - Z-Wave Netzwerk mit zentralem Controller [16]

EnOcean

EnOcean ist eine sogenannte energieautarke Funktechnik für Schalter, Sensoren und Empfänger der Haus- und Gebäudeautomation. Funkschalter und Sensoren, die auf EnOcean-Technologie basieren, nutzen zur Energieversorgung die verfügbare Umgebungsenergie am Standort des Senders, beispielsweise Schalter aus der Betätigungskraft oder Sensoren aus der Lichtenergie. Konkret erfolgt eine alternative Energiegewinnung mittels Solarzellen (Ausnutzung des Piezoeffektes) oder Peltier-Elementen (Ausnutzen von Temperaturdifferenzen). Die so erzeugte Energie wird innerhalb der EnOcean Komponenten in elektrische Energie umgewandelt und kann folglich zum Betrieb des jeweiligen Moduls genutzt werden [11, S. 243]. Diese durch das sogenannte „Energy Harvesting" erzeugte Energiemenge von 50 Ws reicht dabei aus, um das erzeugte Funksignal bis zu einer Reichweite von 300 m im freien Feld (30m im Gebäude) zu übertragen. Die dazugehörige EnOcean GmbH wurde 2001 gegründet und ist ein Ableger der deutschen Siemens AG. Das Unternehmen hat derzeit ca. 60 Mitarbeiter an seinem Unternehmenssitz in Unterhaching bei München.

Über Gateways kommuniziert EnOcean mit allen vorhandenen Bussystemen wie KNX oder BACnet im Gebäude. Wie in Abbildung 9 ersichtlich hat jeder Funksender eine eindeutige Adresse und kommuniziert mit einer Empfangseinheit. Trotz der geringen verfügbaren Energie kann die sehr effiziente Elektronik das Signal sogar mehrfach absetzen. Dadurch lässt sich eine sehr hohe Übertragungssicherheit erreichen. Besonders ist bei EnOcean das sogenannte bidirektionale Konzept, indem der Funksender nach dem Senden der Nachricht eine Rückmeldung vom Funkempfänger bekommt. Dieser Ablauf ist in Abbildung 9 dargestellt.

Die EnOcean Datenpakete haben eine sehr geringe Größe von lediglich 14 Bytes und werden mit 125 kbit/s übertragen. Die für EnOcean Geräte genutzten Übertragungsfrequenzen sind 902 MHz, 928,35 MHz, 868,3 MHz und 315 MHz [13, S. 529-534]. Das bei EnOcean verwendete Funkprotokoll ist das „Amplitude Shift Keying", das sich relativ einfach implementieren lässt und eine Datenrate von den oben bereits aufgeführten 125 kHz ermöglicht. Aufgrund der kurzen Datentelegramme ist die Wahrscheinlichkeit von Kollisionen gering und Interferenzen mit anderen Funksystemen unwahrscheinlich [15, S. 233].

Die Einsatzgebiete von EnOcean haben einen weiterengroßen Vorteil, Schalter und Sensoren sind mit EnOcean überall im Gebäude an der Wand- oder Glasoberfläche anzubringen, ohne dabei Bohrungen vorzunehmen. EnOcean ist damit insbesondere für Sanierungen sehr gut geeignet, wo die Verlegungen von Kabeln nur schwer oder garnicht möglich ist.

Ein Nachteil des innovativen Energie Nutzungskonzeptes kann sein, dass die Energie, die durch die alternative Energiegewinnung zur Verfügung gestellt wird zu gering sein kann, um eine Zwei-Wege-Kommunikation zu realisieren [14, S. 41].

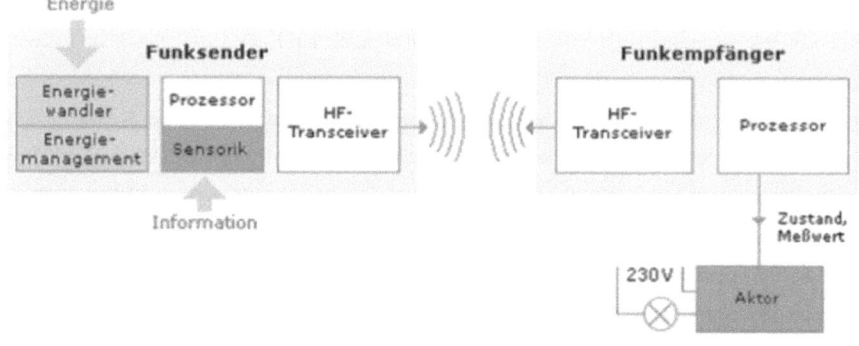

Abbildung 9 - Bidirektionales Sensor-/Aktor-Konzept bei EnOcean [13, S. 529]

Home Matic und BidCoS

Die Smart Home Lösung Home Matic ist ein herstellerabhängiger Funkstandard des Unternehmens eQ-3, das zum deutschen Versandhändler ELV-Elektronik gehört. Mit Home Matic kann eine Steuerung der Smart Home Komponenten in Wohnung oder Gebäude erfolgen. Dabei kann die Funklösung für einfache bis hin zu komplexen Szenarien eingesetzt werden. Ähnlich wie bei anderen Standards liegt der Fokus von Home Matic auf der Reduktion der Energiekosten beispielsweise durch eine bedarfsorientierte Temperaturregelung auf Raumebene [22]. Der Kern der vorliegenden proprietären Funklösung ist jedoch der von eQ-3 selbst entwickelte offene Funkstandard „Bidirectional Communication System" (BidCoS). Mittels einer solchen standardisierten Schnittstelle wird es anderen Herstellern von Smart Home Produkten ermöglicht mit Home Matic Geräten zu kommunizieren, selbst als Basis zu implementieren oder diese zu erweitern [22]. Die Besonderheit des BidCoS-Standard liegt in der bidirektionalen Eigenschaft: alle Kommunikationsdaten benötigen nach dem Versenden eine Empfangsbestätigung beim Empfänger. Das fördert die Zuverlässigkeit und Funktionalität der Datenübertragung. Zusätzlich kann innerhalb von Home Matic eine Internetverbindung aufgebaut werden, mit der externe Anwendungen eingebunden werden können. Im technischen Aufbau besteht Home Matic aus einer sternförmigen Struktur, bei der eine zentrale Einheit im Mittelpunkt vorhanden ist, die mit allen anderen Komponenten eine Verbindung aufbaut. Die Verbindungen selbst implementieren zur Sicherheit eine AES-128 Verschlüsselung. AES steht für Advanced Encryption Standard und ist eine symmetrische Krypto-Verschlüsselung. Das heißt, zur Verschlüsselung und Entschlüsselung der Daten muss der Schlüssel genutzt werden [2, S. 420-421]. Die zentrale Einheit ist dauerhaft mit dem Strom verbunden, während die anhängigen Komponenten einer Batterieversorgung unterliegen. Weiterhin arbeitet die Zentrale Einheit mit einem ARM-Prozessor und einem Webserver auf dem lizenzfreien Betriebssystem Linux [2, S. 421]. Der BidCoS Standard nutzt die lizenzfreie Frequenz des 868-MHz-ISM-Bandes.

Nachteilig an Home Matic ist, wie schon einmal kurz beschrieben, dass sich diese herstellerabhängige Eigenschaft von Home Matic dadurch auf Kunden auswirkt, dass sie sich bei Problemen, Kompatabilität zu anderen Systemen und ähnlichem immer an den einen spezifischen Hersteller wenden müssen. Wenn sich für die Home Matic und BidCoS Technologie entschieden wird, muss man sich bewusst sein, dass dadurch also eine gewisse Bindung an den Hersteller herrscht.

DECT

Die DECT-Technologie hat bereits in Europa eine längere Geschichte. Sie ist als Technologie der drahtlosen Sprachübertragung entwickelt worden und bedeutete ursprünglich „Digital European Cordless Telephone". Nachfolgend ist die Technologie aber umbenannt worden, um auszudrücken, dass DECT eine universelle Kurzstrecken Funktechnologie im Bereich der Telekommunikation ist. Heutzutage ist „Digital Enhanced Cordless Telecommunications" (DECT) der weltweite Standard zum drahtlosen Telefonieren und als digitales Netz herstellerunabhängig implementiert. Aufgrund der Protokollstruktur bietet die Technologie die Möglichkeit mehrere, auch verschiedene Telefonnetze, die mit anderen Technologien realisiert sind, zusammenzuschalten. Folglich eignet sich ein DECT-Netz z.B. um ganze Stadtteile oder Unternehmen in einem Netz zu versorgen. Es kann aber nicht nur zur Audio Übertragung beim Telefonieren eingesetzt werden, sondern auch zur einfachen

Datenübertragung. Insbesondere durch die Einbindung des mobilen Kommunikationsstandards UMTS[6] „IMT-2000" wird ermöglicht Audio- und Datenübertragung innerhalb aber auch außerhalb des Gebäudes durchzuführen. Daher kann der DECT-Standard auch im Bereich der Kommunikation im Smart Home eingesetzt werden. Beispielsweise der deutsche Hersteller von Telekommunikations- und Netzwerktechnik AVM, bekannt durch die Produktreihe „Fritz", nutzt die DECT-Technologie in seiner Smart-Home Produktreihe [19, S. 9]. Wie in Abbildung 9 zu sehen ist, wird der Standard unterstützend sowohl bei den Telefonie-Produkten als auch bei den Smart Home Produkten wie Funksteckdosen, Repeater oder der Heizungssteuerung eingesetzt. Je nach Endgerät des Anwenders und dessen implementierter Hardware-Basis kann mit dem DECT-Standard eine Datenübertragungsrate zwischen 24 kBit/s und 552 Mbit/s erreicht werden [20, S. 298]. Bei letztgenannter Übertragungsrate müssen mehrere Kanäle gebündelt werden, um diese zu erreichen. Ein Kanal im DECT-Netz schafft eine Datenrate von den genannten 24 Kbit/s. In Europa ist für die DECT-Technologie der Frequenzbereich zwischen 1880 MHz und 1900 MHz reserviert. Aufgrund des exklusiven reservierten Frequenzbereichs ist bei DECT eine höhere Abhör- und Ausfallsicherheit gewährleistet als bei freien Frequenzbereichen. Für die Verwendung im Smart Home Bereich muss ein Funkstandard sich um einen niedrigen Energieverbrauch kümmern. Im vorliegenden Standard ist dieser Aspekt mit der DECT Ultra-low Energy (DECT ULE) Technologie angegangen worden. Das Vorgehen ist – ähnlich wie bei den anderen aufgeführten Standards – die Versetzung aller Geräte und Sensoren des Netzwerks in eine Art Schlafmodus. In diesem Modus senkt das Gerät seinen Energieverbrauch auf wenige Mikroampere. Um wieder in einen aktiven Sendebetrieb zu kommen, können die Geräte Ereignisse entgegennehmen und wieder normal funken.

---

[6] Universal Mobile Telecommunication System (UMTS)

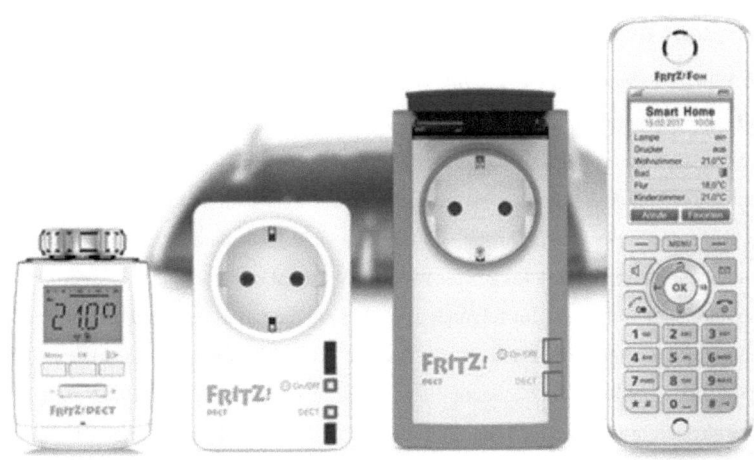

Abbildung 10 - Einsatzgebiete von DECT im Smart Home und der Telefonie; Beispielhafte Produkte des deutschen Herstellers AVM [21]

QIVICON

Aufgrund der sehr fragmentierten Insellandschaft von Funkstandards im Bereich des Smart Home haben sich im Jahr 2011 die wichtigsten deutschen Hersteller für Smart Home Produkte zur QIVICON-Allianz zusammengeschlossen. Diese Vereinigung mit Führung der deutschen Telekom umfasst heutzutage mehr als 30 Unternehmen, die mit einem einheitlichen Funkstandard ihre Produkte auf dem Markt platzieren. Beispielhaft sind Miele, EnBW, Kärcher, RheinEnergie, Vattenfall oder D-Link zu nennen. Aber auch renommierte internationale Hersteller wie Samsung oder Philips haben sich der QIVICON-Allianz angeschlossen. Die Besonderheit des Standards ist dabei folgendermaßen: die Geräte, die den QIVICON-Standard implementieren können mit mehreren bereits bestehenden Standards arbeiten. Somit ist es möglich zum einen den vorgestellten BidCoS-Standard von Home Matic zu nutzen als auch mit ZigBee zu arbeiten. Zur Koordination aller Elemente im System gibt es eine zentrale Steuereinheit, die QIVICON Home Base. Diese wird technisch von der deutschen Telekom bereitgestellt und verbindet die Komponenten untereinander zum Smart Home System [26].

4. Kurzübersicht der Funksysteme

Die nachfolgende Tabelle beleuchtet eine Kurzübersicht der etablierten Standards in der Funk-kommunikation mit den relevantesten Leistungsparametern. Die Standards wurden nach Sendeleis-tung pro Modul, Nutzfrequenz auf dem Frequenzband, aktiver und passiver Energieverbrauch, Reichweite des Funks, Datenübertragungsrate pro Sekunde sowie Verwendung bei namhaften Her-stellern ausgewertet. Für den Leser dieser Arbeit soll die Übersicht noch einmal deutlich machen, welche Technologie bei einem jeweiligen Parameter welchen Wert hat und wie dieser im Vergleich zu den anderen Standards anzusehen ist. Im folgenden werden noch einmal die Spitzenreiter Tech-nologien des jeweiligen Parameters kurz erläutert: die höchste Sendeleistung im vorliegenden Ver-gleich besitzt die DECT-Technologie, da sie Sende- und Empfangskomponenten der drahtlosen Te-lefonie besitzt. Über Weiterentwicklungen kann aber auch eine Datenübertragung über DECT er-folgen. Beim Frequenzband ist es schwer möglich ein Alleinstellungsmerkmal festzumachen. Viele der vorliegenden Technologien nutzen die lizenzfreien ISM-Frequenzen. Beim Energieverbrauch ist insbesondere der EnOcean-Standard zu nennen, der mit seinem Energy Harvesting Konzept einen extrem geringen Energiebedarf besitzt. Bei der Reichweite haben alle Standards, zumindest theore-tisch, ähnliche Werte. Nicht hingegen bei der Datenübertragungsrate. Dort ist ZigBee mit 250 kBit pro Sekunde als führende Standard-Technologie anzusehen. Der Aspekt der Verwendung bei den Herstellern ist sehr wichtig im Hinblick auf die Festlegung eines zukünftigen Standards. Dabei ha-ben die Smart Home Hersteller schon reagiert und Allianzen für eine jeweilige Technologie gebil-det, wie z.B. ZigBee, Z-Wave oder QIVICON. Herausragend im Bereich der Unterstützer und Mit-glieder ist der ZigBee-Standard, bei dem nahezu alle namhaften Unternehmen der Elektro- und In-formationsbranche teilnehmen.

Funkstandard / Merkmal	Sendeleistung pro Modul	Frequenzband	Energieverbrauch	Reichweite	Datenübertragungsrate	Verwendung bei Herstellern
ZigBee (802.15.4)	1 Milliwat (mW)	868 MHz, 915 MHz, 2400 MHz	Aktiv: 20 – 60 mW Passiv: 1 µW	Frei: 300m Gebäude: 30-50m	250 kBit/s	Philips, Samsung, Intel, Bosch, Huawei, Alibaba Group, Amazon, Dekra, Texas Instruments, IKEA, Osram, ZF (…) [10]
Z-Wave	Max. 25 Milliwat	Europa: 868,42 MHz USA: 908,42 MHz	Aktiv: 10 – 50 mW Passiv: 1-5 µW	Frei: >200m Gebäude: ca. 30m (abhängig von Baumaterialien)	40 kBit/s	Huawei, LG, Bosch, Telekom Deutschland, Panasonic, Sharp, TP-Link, Nokia (…) [12]
DECT	250 mW	1880 MHz – 1900 MHz	Passiv: 1-5 µW	Frei: 300m Gebäude: 30m – 50m	24 – 552 kBit/s	AWM, Gigaset, Panasonic, Telekom Deutschland
HomeMatic	28 mA	868 MHz	Aktiv: 30-60 mW Passiv: <= 1 µW	Frei: 250m Gebäude: 30m – 50m	N.N.	RWE, ELV Elektronik, Conrad Eigenprodukte, Contronics
EnOcean	gering	902 MHz, 928 MHz, 868,3 MHz, 315 MHz	Aktiv: 10 µWs Passiv: 60 nW	Frei: 300m Gebäude: ca. 30m	125 kBit/s	IBM, Honeywell, Rohm Semiconductor, Vicos, BSC, Digital Concepts [18]
Bluetooth (802.15.1)	<= 100 mW	2400	Variiert stark je nach Modul	10-100m	720 Kbit/s - 2,1 Mbit/s	Sony, Microsoft (z.B. Spielekonsolen oder PC), Industrie, Medizintechnik, Kommunikation (…)

5. Fazit

Zusammenfassend lässt sich feststellen, dass das Grundkonzept von Smart Home die Vernetzung einer Vielzahl von Geräten, Sensoren und anderer Hardware innerhalb des privaten Hauses darstellt, um folglich noch mehr Wohnqualität, Komfort oder Sicherheit zu erreichen [24, S. 126]. Dem zugrunde liegt die sogenannte „Machine-to-Machine-Kommunikation (M2M-Kommunikation), mittels der sich die einzelnen Elemente in einem Smart-Home-System austauschen [25, S. 69]. Aktuell Anfang 2018 gibt es eine Vielzahl von Smart Home Produkten auf dem Markt, die unterschiedliche grundlegende Protokolle und Implementierungen zur Kommunikation nutzen. Ein übergreifender und einheitlicher Standard ist derzeit nicht abschließend definiert. Gegenstand dieser Seminararbeit war es die möglichen bestehenden de-facto-Standards zu analysieren und voneinander abzugrenzen. Im Hinblick auf die Rahmenbedingungen der Arbeit lag dabei der Fokus auf den Standards der Funkkommunikation. Detailliert betrachtet wurden die Standards ZigBee, Z-Wave, EnOcean, Home Matic und DECT. Der Funkstandard ZigBee wurde von der prominenten ZigBee Alliance aus internationalen und namhaften Unternehmen heraus gegründet und besticht durch seinen geringen Stromverbrauch und den hohen Verbreitungsgrad bei namhaften Smart Home Herstellern. Die Z-Wave Technologie besitzt – ähnlich wie bei ZigBee – eine eigene Alliance aus bekannten Herstellern der Elektro- und Informationstechnik. Die Technologie wird besonders im amerikanischen Markt häufig verwendet. Im Vergleich zu ZigBee ist Z-Wave wesentlich unkomplexer und einfacher in der Architektur. Nachteilig ist, dass aufgrund der verwendeten Topologie jedoch nur kleinere Netze mit mehreren hundert Knoten realisierbar sind. Dafür kann die Technologie auch mit einem effizienten Energiemanagement punkten. Mit dem deutschen EnOcean Standard gibt es eine Besonderheit bei den Funkstandards: die Technologie arbeitet nach dem „Energy Harvesting" Konzept, indem es über alle beteiligten Sensoren, Schalter und Empfänger des Netzwerkes aus der Umgebungsenergie versorgt. Bei der Energieerzeugung greift man dabei beispielsweise auf Solarzellen oder Peltier-Elemente zue Ausnutzung des Piezoeffektes bzw. der Temperaturdifferenzen zurück. Neben der geringsten Energierate von allen vorgestellten Protokollen durch die Nutzung von Umgebungsenergie gibt es noch einen weiteren großen Vorteil von EnOcean: alle Komponenten des Systems lassen sich ohne große Baumaßnahmen innerhalb des Gebäudes anbringen. Damit ist der Standard insbesondere für Sanierungen oder das Nachrüsten von Smart Home Komponenten geeignet. Das proprietäre Funksystem Home Matic nutzt im Kern des Systems den offenen Funkstandard BidCoS, der eine Schnittstelle zur Kommunikation mit externen Systemen benötigt. Erklärtes Ziel auch dieses Systems ist die Reduktion von Energiekosten durch energiesparende Komponenten und intelligenter Steuerung. Derzeit ist Home Matic vor allem bei den deutschen und europäischen Herstellern wie z.B. RWE Smart Home oder die Smart Home Systeme der Deutschen Telekom verbreitet. Bei diesem Standard als nachteilig anzusehen ist die starke Bindung an den Hersteller Home Matic. Der drahtlose DECT Funkstandard ist im eigentlichen Sinne für die Realisierung von drahtloser Kommunikation entwickelt worden. Heutzutage ist der Standard aber so weit entwickelt worden, dass sich auch Datenübertragungen durchführen lassen. Daher kann die Technologie auch im Bereich des Smart Home Anwendung finden. Vorreiter bei der Implementierung von Produkten mit der DECT-Technologie ist der Berliner Elektronik- und Informationstechnikhersteller AVM. Vorteilhaft an der Technologie ist die hohe erreichbare Datenübertragungsrate und das Funken in einem reservierten Frequenzbereich, sodass die Technologie als weniger störanfällig und sicher bezeichnet werden kann.

Alles in allem kann festgehalten werden, dass es derzeit zwar noch an einem einheitlichen Standard im Bereich der Funkkommunikation fehlt, aber bereits einige Schritte in die richtige Richtung gemacht wurden, indem sich Unternehmen der Elektro- und Informationstechnik zu Allianzen zusammengeschlossen haben, um bestimmte Standards voranzutreiben. Auf dem amerikanischen Kontinent ist das beispielsweise die Z-Wave Allianz und als global führend anzusehen ist derzeit die ZigBee Allianz. Neben diesen Allianzen haben sich weitere zukunftsweisende Konzepte im Bereich des Smart Homes herausgebildet, indem der Standard EnOcean eine alternative Energienutzung aus der Umgebung implementiert oder der Home Matic Standard für die deutschen Smart Home Hersteller aus Sicherheitsaspekten relevant ist.

6. Aussicht

Wie bereits angedeutet haben die Unternehmen auf den fehlenden einheitlichen Standard im Smart Home Bereich bereits reagiert und entsprechende Allianzen und Vereinigungen ins Leben gerufen, die die unterschiedlichen Standards bündeln und zentral verwaltbar machen sollen. Generell wird dem Smart Home Konzept eine aussichtsreiche Zukunft mit einem großen Wachstumspotenzial vorhergesagt. Das haben die Analysten der International Data Corporation (IDC) und vom Marktforschungsinstitut Gartner Inc. in einem ihrer Berichte prognostiziert. Eine ähnliche Unterstützung gibt es seitens des Verbandes der Elektrotechnik (VDE) in Deutschland. Nach einer vom VDE durchgeführten Studie soll sich der Markt für Smart Home Produkte zukünftig grundlegend ändern. Konkret soll sich beispielsweise das Smart Home Konzept in den kommenden zehn Jahren zur Basisausstattung in Neubauten entwickeln. Die gesamte Vernetzung aller Smart Home Komponenten soll folglich standardisiert, intuitiv bedienbar und preiswert sein sowie mehr Energieeffizienz, Sicherheit und Komfort im Haus ermöglichen.

7. Literatur

[1]Wolter, Jörg F.: Drahtlose Netzwerke in: Handbuch der Mess- und Automatisierungstechnik in der Produktion, Springer-Verlag, Berlin Heidelberg, 2006

[2]Aschendorf, Bernd: Gateways und Systemschnittstellen in: Energiemanagement durch Gebäudeautomation, Springer Vieweg, Wiesbaden, 2014

[3]Krauße, Markus; Konrad, Rainer: IEEE 802.15.4 in: Drahtlose ZigBee-Netzwerke: Ein Kompendium, Springer Vieweg, Auflage 2014

[4] Biswas, Sankalita; Chandra, Aniruddha: DF versus AF: Energy consumption comparison for IEEE 802.15.4 networks, IEEE Sixth International Conference, Januar 2014

[5] Pongatz, Siegfried Dr.: Smart Home / Smart Living – Prüfung und Zertifizierung, Website des Verbandes deutscher Elektriker (VDE), Bereich Smart-Home, https://www.vde.com/ticde/branchen/smart-home, abgerufen am 09.03.2018

[6] Hoberg, Anna; Piele, Christian; Veit, Jörg: Mobiles Lernen für Smart Home / Smart Grid, Gabler Verlag, 2004

[7] Mattern, Friedemann; Flörkemeier, Christian: Vom Internet der Computer zum Internet der Dinge in: Informatik-Sepktrum, Volume 33, Issue 2, pp. 107-121, April 2010

[8] Gessler, Ralf; Krause, Thomas: Wireless-Netzwerke für den Nahbereich: Eingebettete Funksysteme, Vieweg+Teubner Verlag, Auflage 2009, 27. Januar 2009

[9] Henning, Peter A.: SmartHome Hacks: Hausautomatisierung selber machen, O'Reilly Verlag, Auflage 1, 10. Mai 2016

[10] ZigBee Alliance Members, offizielle Webpräsenz, http://www.zigbee.org/zigbeealliance/our-members/ , abgerufen am 01.03.2018

[11] Gessler, Ralf; Krause, Thomas: Wireless Netzwerke für den Nahbereich, Springer Vieweg Verlag, Wiesbaden, 2015

[12] Z-Wave Alliance Members, offizielle Webpräsenz, https://z-wavealliance.org/z-wave_alliance_member_companies/ , abgerufen am 01.03.2018

[13] Aschendorf, Bernd: Energiemanagement durch Gebäudeautomation, Springer Vieweg, Wiesbaden, 2014

[14] Pätz, Christian Dr.: Z-Wave: Die Funktechnologie für das Smart Home, Books on Demand Verlag, Auflage 2, 2017

[15] Dembowski, Klaus: Mikrocontroller – der Leitfaden für Maker, dpunkt.verlag GmbH, Auflage 1, 30. April 2014

[16] Vesternet Ltd: Understanding Z-Wave Networks, Nodes & Devices, https://www.vesternet.com/resources/technology-indepth/understanding-z-wave-networks , abgerufen am 06.03.2018

[17] Haus XXL: Smart Home Standards: Was steht hinter den Marketingbegriffen?, http://www.haus-xxl.de/themen/smart-home-standards-was-steht-hinter-den-marketingbegriffen-481 , Abgerufen am 10.03.2018

[18] EnOcean Alliance Members, offizielle Webpräsenz, https://www.enocean-alliance.org/de/ , abgerufen am 10.03.2018

[19] Baun, Christian; Bengel, Günther; Kunze, Marcel; Stucky, Karl-Uwe: Einführung und Grundlagen in: Masterkurs parallele und verteilte Systeme, Springer Vieweg, Wiesbaden, 2015

[20] Schill, Alexander; Springer, Thomas: Mobile Computing in: Verteilte Systeme, Springer Verlag, Berlin Heidelberg, 2012

[21] AVM Produktpalette die die DECT-Technologie implementieren, offizielle Webpräsenz von AVM, https://avm.de/ratgeber/highspeed-und-reichweite/avm-erklaert-dect/ , abgerufen am 03.03.2018

[22] Home Matic – ein ganzes Haus voller guter Ideen, Produktvorstellung auf der offiziellen Internetpräsenz des Herstellers eQ-3, http://www.eq-3.de/produkte/homematic.html , abgerufen am 11.03.2018

[23] Picot, A.; Fiedler, M.: Open Source Software und proprietäre Software. In: Depenheuer, O.; Pfeifer KN: Geistiges Eigentum: Schutzrecht oder Ausbeutungstitel?, Bibliothek des Eigentums, Vol 5, Springer, Berlin, Heidelberg, 2008

[24] Thiede, Werner: Die digitalisierte Freiheit, LIT Verlag, 2. Durchgesehene und aktualiserte Auflage, 30. Oktober 2013

[25] Glanz, Axel Dr.; Büsgen, Marc: Machine-to-Machine-Kommunikation, Campus Verlag, 2. Auflage, 20. Juni 2013

[26] Freist, Roland: Kommunikationsstandards fürs Smart Home im Vergleich, 14.11.2014, https://www.pcwelt.de/ratgeber/Kommunikationsstandards_fuers_Smart_Home_im_Vergleich-Smart-Home-8947272.html , abgerufen am 12.03.2018